镇江市第三次
全国文物普查
重要新发现

MAJOR DISCOVERIES OF ZHENJIANG CITY IN THE 3RD
NATIONAL CULTURAL RELICS SURVEY

镇江市文化广电新闻出版局 编

江苏大学出版社
JIANGSU UNIVERSITY PRESS

编辑委员会

前言

王瑞

　　第三次全国文物普查是国务院部署的一项重大国情国力调查，是近年来我国规模最大的、最重要的文化遗产保护工程。2007 年 4 月，国务院下发了《关于开展第三次全国文物普查的通知》（国发〔2007〕9 号），成立了国务院第三次全国文物普查领导小组，正式启动了全国文物普查的各项工作。

　　根据国务院《通知》的要求，本次文物普查从 2007 年 4 月开始，到 2011 年 12 月结束，普查范围是我国境内（不包括港澳台地区）地上、地下、水下的不可移动文物。普查以调查、登录新发现的不可移动文物为重点，同时对已登记的近 40 万处不可移动文物，包括各级文物保护单位进行复查。普查分为三个阶段，第一阶段从 2007 年 4 月到 2007 年 9 月，主要任务是制定普查实施方案，发布规范和标准，设立试点和组织培训；第二阶段从 2007 年 10 月到 2009 年 12 月，主要任务是以县域为单位，实地开展文物调查和信息数据登录工作；第三阶段是 2010 年 1 月至 2011 年 12 月，主要任务是进行调查资料的整理、汇总、数据库建设和公布普查成果。

　　自 2007 年 4 月起，镇江市全面启动了第三次全国文物普查工作。在江苏省普查办的指导下，在镇江市委、市政府的领导下，经过全市普查工作者的共同努力，顺利完成了第一和第二阶段的工作且取得了显著成果。截至 2010 年 12 月 31 日，全市共调查登录不可移动文物 1 427 处，其中新发现 711 处，复查 716 处。新发现文物点占调查总数的 49.8%。

在众多新发现的不可移动文物中，有不少历史、艺术、科学价值较高的文物。其中，句容城上村遗址入编国家文物局《第三次全国文物普查重要新发现》一书；西津渡码头遗址等 31 处文物点入编江苏省文物局《江苏省第三次全国文物普查新发现》一书。全市各地普查发现大量保存相对较好的传统民居、民国建筑、工业遗产、水利设施，这些形式多样、种类繁多的文物资源为镇江这座国家历史文化名城增添了宝贵财富，丰富了其文化内涵。

为充分展示镇江市第三次全国文物普查成果，镇江市第三次文物普查领导小组办公室从全市新发现的不可移动文物中，遴选了 100 处重要发现，汇编成《镇江市第三次全国文物普查重要新发现》一书。入编的重要新发现除古遗址、古墓葬、古建筑、近现代重要史迹及代表性建筑等传统类型的文化遗产之外，同时还兼顾了工业遗产等新型文化遗产。这些重要新发现无论在文化遗产的诸多品类上，还是在全市文物资源的分布上，都具有鲜明的地域特色和代表性。

《镇江市第三次全国文物普查重要新发现》一书，展示了镇江市第三次全国文物普查成果的精华。希望本书的出版能进一步激发社会各界关注文物的热情，在全市范围内逐步形成一个"政府积极作为，社会广泛参与"的文物保护新格局，推动我市文化遗产保护事业不断取得新成绩、不断迈上新台阶。

（**王萍** 系镇江市人民政府副市长、镇江市第三次全国文物普查领导小组组长）

目 录

古遗址

放牛山旧石器遗址

后彭遗址

庵墩遗址

李家庄枕头山遗址

前开遗址

蜘蛛墩遗址

周甲遗址

丁家村遗址

神河头遗址

八仙墩遗址

安联寺墩遗址

遮墓坊遗址

葛城遗址

城上村遗址

张官渡遗址

德祐观遗址

放牛山旧石器遗址

↖ 出土的旧石器

位于句容市茅山镇春城第二砖厂南，面积约 4 000 平方米。1999 年经南京博物院发掘，出土旧石器时代石核、石片、砍砸器等文物50件，推断这是一处距今约30万年的旧石器时代遗址。

↘ 放牛山旧石器遗址全景（西北向东南）

后彭遗址

位于丹阳市云阳镇前艾行政村后彭自然村。后彭遗址地处低丘岗地，墩体南北长约140米，东西长约100米，高出地表约8米。中部高向四周渐低，顶部为平顶，顶部有后彭村民房及农作物。东北部被破坏，取土面积近3 000平方米。从剖面土层可观察到，距地表0.2米土层为垦地。第二层约0.7米为浅灰色土，土层中夹有陶片及生活垃圾。遗址北面文化层较厚，南面较薄，地面可采集到夹砂陶、鬲足、鼎器、几何印纹陶等，纹饰有方格纹、绳纹、麻布纹等。

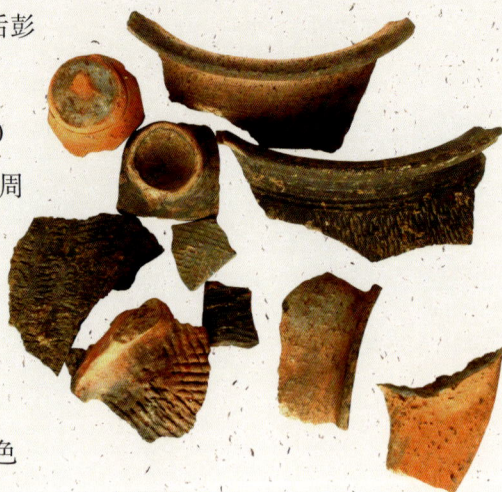

后彭遗址采集标本

从地表采集的标本质地、纹饰来看，后彭遗址具有鲜明的新石器时代晚期特征，部分标本体现商周时代特征。

后彭遗址现状
（西南向东北）

庵墩遗址

　　位于丹阳市访仙镇山南行政村陈家自然村。遗址地处丹阳东部低山丘陵地区，南北长 200 米，东西宽 200 米。遗址外形极不规则，北高南低且中部隆起向南渐低，平均高出地表 1.5 米。地表陶片、鬲足等遗存丰富。在遗址中心区域无序分布许多大石块，这些石块不为本地所产。现地表种植蔬菜等农作物。

　　从地表采集的陶片质地、纹饰分析，初步判断该遗址是一始于新石器时代晚期并延续至商周时期的聚落遗址。该遗址的发现对于研究江苏新石器文化序列、研究商周时期该区域社会结构以及宁镇地区文明起源有重要价值。

↗ 庵墩遗址全貌
（东向西）

↙ 庵墩遗址上遗存
的石块（西南向东北）

↘ 庵墩遗址地面遗
留陶片

李家庄枕头山遗址

　　位于丹阳市云阳镇永兴行政村李家庄自然村北 120 米处。遗址呈长条形，东西长约 300 米，南北宽约 100 米，高出地表 1—2 米不等。遗址东北高，向西南渐低下。地表可采集到夹沙红陶鬲足、各种纹饰的红陶片和灰陶片。从采集到的标本纹饰、质地判断，遗址的年代从新石器晚期一直延续到商周时期。该遗址对研究宁镇地区文明起源、社会结构等有较高价值。

李家庄枕头山遗址地面遗物

李家庄枕头山遗址现状（西南向东北）

李家庄枕头山遗址全貌（南向北）

前开遗址

　　位于丹徒区辛丰镇下方行政村前开自然村东，为商周时期台形遗址，距前开村东约 50 米。该遗址平面略呈长方形，南北长约 50 米，东西宽约 80 米，高约 2.5 米。地表有夹砂红陶、泥质灰陶、几何印纹陶片等，纹饰有回纹、菱形纹等，可辨器有鼎、豆、罐、钵。该遗址可能属湖熟文化遗址。

↘ 前开遗址近景
（北向南）

蜘蛛墩遗址

　　位于丹阳市埤城镇门楼行政村后谢陈村南约100米处。遗址东西长125米，南北宽约80米，高出地面约2—3米，面积约10 000平方米，为一台形聚落遗址。地面可采集到鬲足、夹砂红陶片、几何印纹硬陶片，陶片纹饰有网格纹、回纹、水波纹等，也有少量的唐、明、清瓷片。

　　该遗址保存较好，地表文物遗存较丰富，具有明显的商周时期文化遗存特征。

蜘蛛墩遗址采集到的网坠

蜘蛛墩遗址地表遗物

蜘蛛墩遗址全貌（西北向东南）

周甲遗址

位于句容市白兔镇周甲村北，面积约 50 000 平方米。遗址断面发现夹砂红陶鬲、鼎及硬纹印陶罐等残片，推断其是一处重要的大型商周遗址。

标本陶片

周甲遗址南部断面（北向南）

周甲遗址全景（西南向东北）

丁家村遗址

位于润州区韦岗镇东丁家村，村落基本围绕遗址而建。遗址平面略成圆形。现东低西高，高约3—5米不等。坡南树木丛生，坡顶部种植农作物，不远处为联合水泥厂厂区；顶部西部种植农作物，下有小塘；东北部建有二层楼房，显然经过取土降坡，楼房前平整土地，建便道朝南下坡。南、西、北面围绕遗址皆建房。遗址总体保存完整，断面文化层可见陶片、夹砂红陶片等遗物。该遗址为韦岗地区西周时期聚落台型遗址，并不多见。

↙ 鬲足

↙ 丁家村遗址断面上的夹砂红陶

↘ 陶片

↙ 丁家村遗址西部（西向东）

神河头遗址

↘ 祭祀坑内骨渣残留遗迹

↘ 坑底所出陶豆,豆盘内含木炭,当为用火遗迹

位于丹阳市珥陵镇祥里行政村神河头自然村西北。遗址为一大土墩,四面环水,周围地势平坦,东南距葛城遗址1 500米。遗址平面近长方形,南北长80米,东西宽70米,高出地面5米。2008年3月由南京博物院对其考古发掘,在墩体面及坡面发现大量灰坑,出土大量陶器、石器。根据出土器物初步分析,遗址分西周前期、西周晚期至春秋早期、春秋中晚期、战国早期四个时期,基本与南面相距1 000米的周代早期的葛城遗址的三期城墙对应。初步判断,神河头遗址是一处由西周早中期延续至战国时期的祭祀遗址,是吴文化考古工作中首次发现的大型祭祀遗址。神河头遗址是吴文化遗址中唯一发现并确认的祭祀遗址,对吴文化早期政治中心的确认、吴国城市的形制布局等诸多吴文化课题的研究有重要价值。

↗ 神河头遗址坑清理完之后全景(南向北)

八仙墩遗址

位于丹阳市司徒镇北大行政村大吴塘自然村。遗址地处西部丘陵岗地，是一座周代大型环壕聚落遗址。遗址东、南、西三面有环壕，南北长约 195 米，东西宽约 150 米，高出地表约 3 米。地表种植农作物，有近现代墓葬。地表可采集到软、硬陶片，纹饰有方格纹、回纹、麻布纹等。遗址东南部与狮子山土墩墓群相距 20 米。

该遗址不仅是一处环壕聚落遗址，而且其南部有狮子山土墩墓群，东部有秦角墩、大吴塘窑坟墩，它们之间密集分布的现象，是宁镇地区较为少见的，对宁镇地区的土墩墓及周代社会结构研究具有重要价值。

八仙墩遗址现状
（南向北）

八仙墩遗址采集的标本

八仙墩遗址全貌
（西北向东南）

安联寺墩遗址

安联寺墩现状
（西北向东南）

位于丹阳市延陵镇麦溪安联行政村寺墩自然村东。地处平原田间，东西环水，平面呈圆形，底径约 160 米，高出地面约 8 米，占地面积约 25 000 平方米。地面种植农作物，断面可采集到印纹软硬陶片、灰陶片、高足等，纹饰有回形纹、几何印纹、方格纹、网格纹等。该遗址形制完整，对研究宁镇地区商周聚落有较高价值。

遮墓坊遗址

位于丹阳市珥陵镇珥城村遮墓坊自然村东部，地处平原田间。遗址南北长100米，东西宽80米，高出地面约3米，北高南渐低。地面有近现代墓葬，采集到硬陶片、鼎足、鬲足、夹砂红陶片，纹饰有米字纹、网格纹、套方格纹等。

从地表采集到的标本来分析，陶片纹饰具有典型的周代风格，该遗址对研究宁镇地区周代聚落、古人生活状况、社会结构有较高的价值。

遮墓坊遗址标本

遮墓坊遗址全貌
（东向西）

葛城遗址

位于丹阳市珥陵镇祥里行政村南葛城自然村，最早建于西周中期至春秋晚期。遗址地处丹阳市南部水网平原地带，面积约33 000平方米，高出地表3米，为一东西长、南北宽的不规则的长方形古城，遗址外有3—4道环壕，里2道环壕比较完整，外2道环壕较模糊。遗址内发现早、中、晚3道叠压一起的城墙遗迹和有东、南、西、北4个城门遗址。根据考古发掘工作显示，葛城遗址是现江苏境内面积最大、建筑年代最早、保护最好的一处吴国早期城址，是吴文化研究工作的重大发现，对于江苏商周时代考古及吴文化研究，特别是对吴国早期政治中心的探究有极其重要的意义。

葛城遗址出土文物

考古发掘后的葛城遗址西城墙（西向东）

葛城遗址残存城墙（东北向西南）

葛城遗址远景（西南向东北）

城上村遗址

位于句容市黄梅镇大卓城上村南。经考古专家论证，这是一处商周时期的重要遗址。遗址现场文化堆积丰厚，有古代筑城的夯土层和环壕设施，可以推断这是一处重要的吴国城址。

罐

钵

护城河（北向南）

红烧土

城上村遗址全貌
（东向西）

张官渡遗址

↘ 张官渡遗址古村落
现状（东北向西南）

位于丹阳市西北练湖的东北端，东距大运河主航道约 30 米。现遗存码头遗址石板路一条，长约 50 米，宽度约 0.6 米，路南北两侧有残破的晚清、民国民居二三十处。码头于 1996 年大运河拓宽工程中被拆除。

张官渡历史悠久，据史料显示，最晚在宋代就有古渡口存在，是宋—清代运河东西两岸人民交通的重要渡口。该遗址对研究丹阳人民古代社会生活、交通状况以及练湖水域与大运河关联的济漕功能、农业灌溉有较高的价值。

↘ 张官渡码头遗址
现状（北向南）

德祐观遗址

位于句容市茅山风景区二茅峰顶。建于元代延祐年间，专祀茅固，后逐渐荒废，清代雍正、乾隆年间重建，抗日战争中被日寇烧毁。观内现存建筑墙基等遗迹。

德祐观残存柱础

太元宝殿残存门槛

德祐观遗址全景
（西南向东北）

古墓葬

五背墩土墩墓群

↘ 五背墩 2 号土墩
墓全貌（西向东）

位于丹徒区宝堰镇前隍村西南约 500 米。地处低丘岗北，共有 5 座土墩墓，呈梯形排列。1 号墩位于西北面，底径约 6 米。2 号墩位于西南面，底径约 10 米。3 号墩位于东北面，底径约 7 米。4 号墩位于 3 号墩与 5 号墩之间，底径约 6 米。5 号墩位于东南面，底径约 9 米。地面偶见硬纹陶片、原始瓷豆、碗等常见的商周时期遗物。

马脊墩土墩墓

位于镇江新区姚桥镇华山村 17 队南 50 米，西边 30 米处有一废弃厂房，东 70 米为捆山河。整个遗迹由底座和墩体组成，底座为平整后的圆形台地，周边宽出墩体 2 米，墩体呈馒头状，平面圆形，直径 25 米，高 3 米。顶部杂草、树木茂盛，局部被破坏，挖有两条宽约 1—2 米的沟。

马脊墩土墩墓全貌（北向南）

马脊墩土墩墓南部现状（南向北）

↘ 狮子山土墩墓群
东侧墩现状（东南
向西北）

↘ 狮子山土墩墓群
东侧土丘及其下方
环壕（东北向西南）

↘ 狮子山土墩墓群
全貌（东北向西南）

位于丹阳市司徒镇北大行政村甸头自然村。东北有八仙墩聚落遗址、秦角墩土墩墓，西距吴塘水库约 400 米，东有甸头村，北有大吴塘村。

狮子山土墩墓群是一处周代的土墩墓群，规制较高，属于平地起台筑墩，土台基高出地表 8—10 米，台基呈南北走向的长条形。土台上清晰可辨的土墩墓有南北两个，南墩较大，底径 40—50 米，北墩稍小，底径 30 米左右。墓群四周有狭窄的环壕围绕，环壕大部分存在，仅东侧部分消失，当地村民称此环壕为"东城河"、"西城河"、"南城河"。

狮子山土墩墓群是丹阳地区唯一现存的高台起墩的土墩墓群，外形特殊，对宁镇地区土墩墓类型、特征的研究具有较高的价值。

↘ 狮子山土墩墓群
全貌（东北向西南）

东进塘双墩土墩墓

位于丹阳市皇塘镇大南庄行政村塘新里自然村西北。地处平原田间，墩体四面环水，东西排列。东面墩体较小，呈圆形，底径约 15 米，略高出地面；西面墩体稍大，呈椭圆形，东西长 25 米，南北长约 15 米。两墩间距约 12 米，两墩高均为 2 米，地表未见遗存。

该墩位于丹阳东南部水网平原，因地势低洼，商周时期先民平地取土筑墩，导致出现环水墓葬。这一仅见于丹阳地区的奇特墓葬现象，具有较高的研究价值。

东进塘双墩土墩墓全貌（东南向西北）

留庄蒋家土墩墓

　　位于丹阳市导墅镇留庄行政村蒋家自然村。该土墩墓地处平原田间，呈椭
圆形，平顶，墩体东西长 25 米，南北宽 18 米，高出地面约 3 米，地表种植农
作物。原墩体较大，因多年的生产种植，土壤流失，现墩体变小，地表未见遗物。

　　该墩地处丹阳东南部水网平原，对研究丹阳东南部水网平原商周时期历史
文化、丧葬习俗有较高的价值。

孙巷墩土墩墓

位于丹阳市司徒镇马陵行政村孙巷自然村西南，村民俗称"大夫墩"。地处平原田间，封土墩，圆顶，南面有水塘。墩体底径约40米，高出地面约15米，墩体表面生长着杂树，有近现代墓葬。该土墩墓外形完整，形制巨大，可能是周代高级贵族墓葬，具有较高的历史价值。

孙巷墩土墩墓全貌（东向西）

孙巷墩土墩墓全貌（东北向西南）

杨塘岗土墩墓群

位于句容市开发区杨塘岗村中部，共有两座封土墩，其中 1 号墩规模较大，墩高 12.4 米，面积为 3 017 平方米。

杨塘岗 1 号土墩墓全景（东南向西北）

杨塘岗 2 号土墩墓全景（东北向西南）

杂粮土墩墓群

位于句容市后白镇二圣杂粮村周边。地处低丘岗背，墩的底径约 15—20 米，墩高约 2—3 米，唯有 7 号墩稍大，底径 27 米，高约 5 米。曾采集到印纹硬陶罐的残片。

↖ 杂粮土墩墓群 8 号墩全景（南向北）

↗ 杂粮土墩墓群 6 号墩全景（东向西）

↙ 杂粮土墩墓群 3 号墩全景（东向西）

许家土墩墓群

许家土墩墓群2
号墩全景（西向东）

位于句容市
后白镇许家村。
该土墩墓共有11
座封土墩，地处
地丘岗背。墩高
约2—5米，底径
约10—17米。

许家土墩墓群1
号墩全景（东南向
西北）

刘皇墓

　　位于京口区谏壁镇月湖社区张家荡村东，东北为雩山，西距谏辛公路约300米。墓整体呈馒头状，平面呈圆形，保存较为完好。底径约30米，高约3米。由于平整土地，墩脚普遍被挖去一段。根据老百姓的口头传说和相关史书记载，推测该墩为兴宁陵。

　　兴宁陵是南朝刘宋开国皇帝刘裕父母的陵墓，距今1 600余年。当地老百姓称该土墩为"刘皇墓"，意思即为姓刘的皇帝的墓葬，还传说张家荡最初只有一户张姓人家，是刘皇墓的守墓人。

　　刘宋作为南朝的起始，是中国历史上的一段重要时期。宋武帝刘裕生于镇江，发迹于北府兵，是镇江历史上的一位杰出人物。该陵墓的发现为研究南朝的丧葬制度以及镇江的地方史提供了重要的资料。

刘皇墓近景
（西北向东南）

刘皇墓远景
（西北向东南）

夏道立夫妇墓

↘ 石俑
↘ 石羊

位于句容市宝华山风景区大门东北侧，墓园占地面积约 743 平方米。经考证，该墓为明代知府夏道立和夫人陈氏的合葬墓。墓前有石羊、石俑各一对。

↘ 夏道立夫妇墓全景（西北向东南）

见月和尚墓

位于句容市隆昌寺北半山腰。建于清代顺治年间，青石筑砌，墓园占地面积约396平方米。见月和尚，明末清初宝华山隆昌寺住持，卒于清代顺治年间。

墓前经幢

见月和尚墓全景
（南向北）

古建筑

东长安里徐氏宅
吉安里
卫生医院旧址
薛家祠堂
爵家王氏宅
葛村榜眼门
华山龙脊街
爵家村怀德堂
陈家祠堂
厚诚土地庙
庄湖土地庙
敦厚堂
马相伯故居
铜山寺
天王高家老宅
赵家祠堂
太平桥
皇甫桥
善庆桥
茅庄桥
墩子桥
万寿桥
禹王古井
宝盖山隧道
西津渡小码头遗址
头墩子码头遗址

东长安里徐氏宅

↗ 东长安里8号梁架

位于润州区东长安里2号、4号、6号、8号，原主人姓徐。该建筑前后四进，砖木结构，硬山顶，青砖小瓦，坐西朝东，外墙全部由青砖叠砌到顶。房屋由于地处缓坡，整体四进由东向西逐级抬升。第三、第四进为二层。四进均为三间两厢结构，南有窄院子。第一进前墙有砖雕"福"字，边镶四环图案，四个角花均保存完整，天井地面有雕花，南面为木质板壁墙。第二进北门为磨砖外八字，门上方嵌有方石，石上刻虎头，虎头下有八卦图案。其南院内有井一口，白石六角形井栏，内壁砌砖，边镌"徐"、"家"、"井"、"甲子春建"。第三进封火墙上有"福"字砖雕，木质雕花镂空连续门保存较好，堂屋为木板壁隔断，木楼梯上下。第四进木质窗扇尚存，雕花栏杆较精致。

↙ 东长安里6号侧门（东向西）

↗ 东长安里徐氏宅西墙整体外貌（东向西）

该建筑体量较大，砌筑完整，布局清晰，花窗精致，具有鲜明的地方建筑特色。

吉安里

　　位于润州区小街、染坊巷、同兴里、吉安里交叉处。整个建筑群坐西朝东，分为南北两部分；中有巷道，东西有骑楼将建筑连接成一个整体。东骑楼处有"吉安里"砖额，砖镶边。据小街 97 号住户介绍，此建筑群先后有三个房东，房间均用作出租，临街房屋全部为门面房，其后房屋为住宅。整幢建筑南侧朝染坊巷开三门，吉安里巷道内开六门，东侧临街开九门，其中染坊巷三门为内缩外八字磨砖门，门上均横白石，较为特殊，吉安里东西骑楼下原还各有一个大门。

　　该建筑群体量大，布局清晰，结构完整，体现了镇江传统民居建筑群落的建筑风格。

↙吉安里中巷
（东向西）

↙吉安里街门面
（北向南）

↙吉安里鸟瞰全景
（西北向东南）

↘吉安里门楼
（东南向西北）

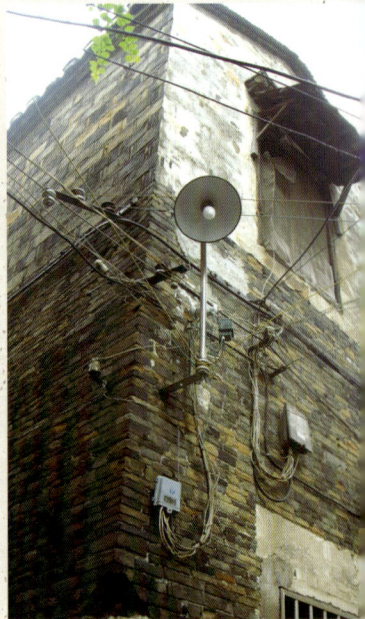

卫生医院旧址

卫生医院旧址南
立面（西南向东北）

位于润州区小街 41 号。该建筑已有 135 年左右的历史，属于基督教教会的房产，曾作为慈善医院。该建筑处于坡地，坐北朝南；地上二层，地下一层，砖木结构，整体青砖叠砌，西立面和北面第二层为石灰抹面，建筑南面有券拱大窗，铁艺栏杆，阳台栏杆配件仍保留"卫生"二字。南面正中为走廊，宽 3 米。建筑内房间南北分设，中间为过道，在过道中部设木质楼梯供上下。

该建筑体量较大，结构完整，是镇江医疗卫生事业的重要历史遗存。

卫生医院旧址全景（北向南）

薛家祠堂

位于丹徒区辛丰镇星棋行政村薛家自然村北。该祠堂建于清末，现存三进九间，砖木结构，整体保存较完整，具有一定的保护和研究价值。祠堂大门前有一池塘，其他三面皆为农田。

薛家祠堂大门
（南向北）

薛家祠堂全貌
（东向西）

爵家王氏宅

↘ 爵家王氏宅西南角（东北向西南）

位于镇江新区姚桥镇爵家村181号。该建筑坐南朝北，砖木结构。建筑墙体下部约1.2米为城砖砌筑。城砖的长、宽、厚分别为40厘米、20厘米和13厘米。该民居为清末民初建筑。房屋共前后两进，面积约为220平方米，内部为全木框架结构，排水设施完好。屋顶为竖排瓦造型，第一进门口刻有"积厚流光"四字，檐头材质精致，刻龙雕凤，中间"暗八仙"图案栩栩如生。

↗ 爵家王氏宅正门（北向南）

葛村榜眼门

位于镇江新区丁岗镇葛村东段，为清光绪年间武榜眼解兆鼎所建。共有三间一厢一更楼小庭院，砖木结构，占地面积约160平方米。榜眼门高2.1米，宽2米，目前保存较好。解兆鼎在光绪十二年（1886年）科举考试中中"武榜眼"，被皇帝封为"武显将军"，赐予"榜眼及第"匾。

榜眼门（东南向西北）

榜眼门一进外貌（西北向东南）

华山龙脊街

↘ 龙脊街街面现状
（北向南）

位于镇江新区姚桥镇华山村。该街始兴于宋代，是华山八宝之一，街面条石路保存完好，临街建筑基本保存原貌，街上百年老店、冷遹旧居等部分房屋还在使用。老街在镇江地区十分罕见。

华山是南朝著名爱情民歌集《华山畿》和华山畿传说的发源地。民间文学《〈华山畿〉和华山畿的传说》是流传千古的民间传说《梁山伯与祝英台》的雏形之一，2007年3月24日被江苏省人民政府列入第一批省级非物质文化遗产名录。2009年6月20日，民俗"华山庙会"被江苏省人民政府列入第一批省级非物质文化遗产扩展项目名录。

↗ 龙脊街券门街道
（南向北）

爵家村怀德堂

位于镇江新区姚桥镇爵家村三元庄，由前清进士之后于 1912 年修建。前后三进，面阔五间，占地面积 899 平方米。中为厅堂（怀德堂），后为楼房，依正房西另有九间包厢，每进之间有暗室，且有厢房相连，天井相隔，厅堂方砖铺地，天井青石铺面，门窗皆有雕刻，粉砖黛瓦，是典型的徽派建筑。房屋整体结构完整，格栅屏门基本不缺，木雕为二十四孝图。两个天井中间石雕图案一幅为龙门图案，一幅为鲤鱼图案，寓意为"鲤鱼跳龙门"。室内油漆墙壁图案很有特点。

房屋主人祖辈朱子祥为"孟河医派"传人，儒里中学创始人之一，曾任新四军儒里地区联络员，为革命做了许多工作。家中暗室在革命中也为隐藏地下工作者发挥了作用。抗战时期，此处为地方上重要的革命活动场所，新四军经常在此驻扎，管文蔚、朱世俊、赵文豹、王龙、聂老虎等经常在此开会。解放战争时期，镇江市第一任市长王龙也曾多次在此开会，进行革命活动。

怀德堂房门前（南向北）

怀德堂东侧外观（西南向东北）

怀德堂屋内现状

怀德堂弄堂现状

陈家祠堂

↘陈家祠堂石额(南
向北)

↘陈家祠堂门楼(西
北向东南)

位于丹阳市埠城镇祈钦村六都自然村。该建筑建于明代，据村民叙述与宗谱记载，陈家祠堂是为纪念宋代太学生陈东而建。祠堂共有两栋建筑，坐向朝南，硬山顶。第一进五开间，面阔24.6米，进深七檩8.5米，北檐墙嵌石碑一块、石质对联一副，院内有古井一口。第二进清代早期维修过，五开间，面阔24.6米，进深七檩8.5米。陈家祠堂所在的六都村，是北宋太学生陈东后裔的聚居村落，陈家祠堂是丹阳市为数极少的明代祠堂，有较高的历史价值。

↗陈家祠堂大门(西
南向东北)

厚诚土地庙

　　位于丹阳市司徒镇全州行政村厚诚自然村。该土地庙西为厚诚村，东临司徒镇至全州行政村道路，南、北为农田。厚诚土地庙为清中期建筑，形制矮小，小三开间，面阔 6.7 米，进深七檩 5.5 米。庙内四壁现存 11 幅清代壁画，其中 5—6 幅相当完好，内容有土地爷出巡场景，风母、电母、刘猛将军神像等民俗崇拜对象。

　　该土地庙壁画在江苏省内十分罕见，对于研究清代乡村民俗、绘画技艺等有重要价值。

厚诚土地庙西墙上的壁画（东向西）

厚诚土地庙北墙上的壁画（东南向西北）

厚诚土地庙全貌（东南向西北）

庄湖土地庙

　　位于丹阳市延陵镇庄湖村老街内，建于清代。砖木结构，平面近方形，进深 7.4 米，面阔 7 米，抬梁式梁架结构，歇山顶。庙内墙壁留有清代壁画，有 3 幅保存较好，其余残缺不全。这 3 幅壁画在我省已十分罕见，具有较高的历史、艺术价值。

庄湖土地庙内的壁画（东南向西北）

庄湖土地庙内的壁画（西南向东北）

庄湖土地庙全景（东南向西北）

敦厚堂

↙ 敦厚堂木结构
（东南向西北）

↙ 敦厚堂砖雕门楼
（北向南）

↖ 敦厚堂厢房走廊
木雕（东南向西北）

位于丹阳市后巷镇前巷行政村徐巷自然村中，南距通港大道仅50米，为晚清当地徐姓富商建造，建筑占地面积约700平方米，总共为三进四厢两院，砖木结构。三进建筑通面阔19.2米。第一进为平房5间，七檩进深5.7米。第二进为明堂，抬梁式结构，前廊有卷棚轩痕迹，梁上部有描金构件。梁柱粗大，进深8.6米。第三进为上下两层跑马楼式住宅，进深6.3米。住宅所有地面为水磨砖铺地，院落由青白石板铺成。

敦厚堂是目前丹阳地区极少数保存完好的晚清大型民居，对于研究丹阳地区民居的建筑布局和技艺有重要的价值。

↙ 敦厚堂全貌（东南向西北）

↘ 敦厚堂木质格扇
（西北向东南）

马相伯故居

↘ 马相伯故居内巷
道（西向东）

↘ 马相伯故居砖雕
（西向东）

位于丹阳市埤城镇马家村，为一封闭性村落建筑群，建于清代。朝南向，共有四进联排式上下二层砖木结构房屋，四周均有院墙，开有东、西、南、北四门，马氏族人聚族而居，现存南、北、东三个门，四进房屋较为残破。

马相伯（1840—1939年），中国近代史上杰出的教育家、爱国民主人士，于光绪二十九年（1903年）在上海创立震旦学院，光绪三十一年（1905年）又创办复旦公学（现复旦大学前身）。1939年马相伯先生百岁诞辰，中共中央特致贺电，称他为"国家之光、人类之瑞"。

↘ 马相伯故居全貌
（东北向西南）

铜山寺

位于句容市宝华镇铜山村北，始建于明代。砖木结构，面积约562平方米。门额"铜山玉泉禅院"为清代丹徒人郭汝砺书写。后部建筑大部分坍塌，院落保存基本完整。

↖ 拴马石
↖ 台阶
↖ 柱础
↙ "铜山玉泉禅院"
门额（北向南）

↖ 铜山寺全景（东北向西南）

天王高家老宅

高家老宅后墙砖雕（西向东）

位于句容市天王镇映月桥北老街西段，为天王镇高姓大户旧宅。东西向，砖木结构，面阔两间，二层楼阁式硬山顶建筑。建筑基本保存完好，楼上的阳台木构栏杆保存原样，楼后门砖雕保存完好。

高家老宅全貌（东向西）

赵家祠堂

位于句容市赤山湖管委会黄南村中偏西，建于清代后期。砖木结构，现存房屋两进，面积约220平方米。屋面、墙体基本保持原样，第一进梁上有红绿彩绘。

赵家祠堂梁架结构

赵家祠堂东侧封火墙（西向东）

赵家祠堂全景（西南向东北）

太平桥

↘ 太平桥远眺
（东向西）

　　位于丹徒区宝堰镇老通济河上，又名三圈桥。该桥始建于清咸丰二年（1852年），南北走向，为三孔石桥，整座桥由麻石建成，桥面由青石铺成，全长39米，净跨29.5米，桥宽5.65米。桥面东西两侧栏杆镶刻"太平桥"三字。

　　该桥为丹徒发现的保存最好的一座清代石拱桥，结构坚固，造型优美，用料考究，对研究丹徒古桥梁的建造历史有着重要的价值。

皇甫桥

位于丹阳市导墅镇白庙行政村黄甫庄自然村西，横跨在南北流向的丁义河上。据光绪《丹阳县志》记载，皇甫庄为唐代著名诗人皇甫冉、皇甫曾兄弟居住地。皇甫冉（717—770年），《全唐诗》收录他多首诗，留有《皇甫冉诗集》3卷。皇甫曾（？—785年），《全唐诗》收录他48首诗；留有《皇甫孝常集》2卷。该桥为里人纪念皇甫兄弟而起名。桥为石板桥，东西向，桥两边基座由青石块错缝砌成。桥柱由2组4块长条形花岗岩石组成。桥面由3组3块大石板铺成，东边桥面用水泥浇灌维修过。桥长18.9米，宽1.8米。

该桥对于研究丹阳地区古代石梁桥建造形制、工艺有较高的价值。

皇甫桥桥面现状（东向西）

皇甫桥现状（东北向西南）

善庆桥桥拱局部
（东北向西南）

位于丹阳市开发区石潭行政村东面的南北向的东石潭沟上。该桥建于清代，为纵联分节单孔石拱桥，栏杆、桥面为花岗岩，桥基由少量石灰石构成。桥长约 16.7 米，桥宽约 3 米，高约 4 米，桥两面均刻有"善庆桥"三字。

该桥是目前丹阳地区新发现的少数石拱桥之一，结构坚固，造型优美，是清代石潭村民由东出村的必经之路。桥下的东石潭长沟从北首的丹徒区域一直向南流入丹阳，是河流两岸农田灌溉的主要水源。

善庆桥全景（东北向西南）

茅庄桥

位于句容市白兔镇茅庄村南，建于清代末期。南北向，跨前进河，单孔石拱桥，全长12.5米，宽2.8米，高2.7米，拱跨4米。

茅庄桥桥面现状（北向南）

茅庄桥全景（西南向东北）

墩子桥

位于扬中市三茅镇新星村8组。横跨于三茅镇乐源河面上，桥南为原新星村，桥北为红专村，是两村群众相互联系的必经之路。原由3块麻石组成，每块宽0.6米，长5.1米。后桥面经过重新加宽，中间镶有2块水泥板。

↗ 墩子桥桥面石板
两侧刻字（北向南）

↘ 墩子桥全景
（北向南）

万寿桥

　　位于扬中市三茅镇中林村 15 组，始建于 1910 年左右。桥长 12.9 米，桥面由 3 块麻石组成，每块麻石宽 0.6 米，厚 0.3 米，两处桥桩均由 4 块麻石竖立组成。

↙ 万寿桥面(东向西)

↘ 万寿桥身南侧刻字（南向北）

↖ 万寿桥体（东南向西北）

禹王古井

禹王古井井栏

禹王古井位于镇江新区姚桥镇华山村16组。传说大禹治水时；大禹手下大将张渤带了几千民工到华山治水。为解决吃水问题，张渤发动民工开井，井开好后，他先尝了一下，中毒身亡。民工又换了地方开井。现井深约10米，井壁由砖石垒砌而成，井水清洌，至今华山村还有三分之一的村民使用该井的水。该井井栏保存完好，井栏上被绳索磨出的21道坎，证明其历史久远。

禹王古井现状（北向南）

宝盖山隧道

位于润州区宝盖山，始建于清光绪三十一年（1905年），是沪宁铁路上第一座铁路隧道。宝盖山隧道位于镇江西站东侧，高5.5米，宽7.95米，原长度为406米。1931年，东段峒体61米开挖成路堑，隧道长度缩短为345米。1978年沪宁铁路复线竣工后，宝盖山隧道所在线路改为支线，其作用逐渐下降，于2004年停用。

宝盖山隧道西洞口两侧护顶立柱上分别刻有"1905"和"1908"字样、字迹清晰，仍为原迹。现东、西两面的入口处已用砖封砌。宝盖山隧道是镇江乃至中国近现代交通运输业发展的重要历史见证。

宝盖山隧道远景（北向南）

宝盖山隧道建造年代刻记

宝盖山隧道桥洞东入口全景（东向西）

西津渡小码头遗址

　　位于润州区长江路蒜山游园东侧，清代康熙年间始筑。同治至光绪前期，随着江淤上涨，码头改向上发展。1900 年前后，码头淤积成陆地。据考证，该码头是清代救生会、义渡局的专设码头。2008 年 4 月，小码头遗址经镇江市古城考古所和西津渡建设发展公司合作考古发现，9 月，镇江市建设局、城市建设投资公司修复展示。

↗ 康熙、同治时期
小码头遗迹（北向南）

↗ 康熙、同治时期
小码头遗迹（东向西）

头墩子码头遗址

位于扬中市油坊镇头墩子村西 4 组，始建于清末（约 1880 年）。最初为私人营运码头，解放后为集体所有，是扬中通往苏南的重要交通要道，最早的码头已坍入江中。该码头多次运送新四军过江，在渡江战役中发挥了很大的作用。码头通过改建还在使用之中，继续为两岸人民的交通提供便利。渡口售票处为两间平房，保存较为完好。

头墩子码头候船室（西北向东南）

头墩子码头全貌（北向南）

石窟寺及石刻

瘞鹤铭残石

《瘞鹤铭》被誉为"大字之祖",是中华书法艺术宝库中的瑰宝,原刻于焦山西麓临江崖壁之上,大约在唐代后期或稍晚坠落江中。2008年10月8日至11月20日,镇江博物馆、镇江焦山碑刻博物馆、镇江市水利局联合组成考古队,对焦山西麓的《瘞鹤铭》残石进行水下打捞考古,在打捞出水的1 000多块山体落石中,经过清洗、拓片、辨识、鉴定,发现多块有人工痕迹的残石。其中出水的三块残石疑似为"鹤"(50 cm×35 cm)、"化"(15 cm×35 cm)、"之遽"(8 cm×15 cm),与前人考订著录的《瘞鹤铭》铭文对照,内容相吻合,字形大小、文字式样、笔画形态都已经具备了东晋六朝由隶至楷的书写特点,也与《瘞鹤铭》书风相一致。经专家认定,这几个字就是《瘞鹤铭》的残字。

新打捞的《瘞鹤铭》残石现保存于焦山碑刻博物馆内。

↗ 瘞鹤铭之"鹤"字石

↗ 瘞鹤铭"之遽"、
"化"、"鹤"字拓片

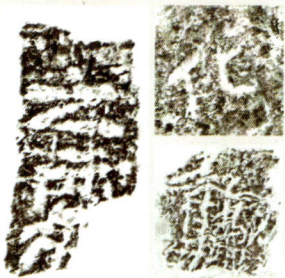

↗ 瘞鹤铭残石之
"鹤"字石

绍隆寺塔林

位于镇江新区大港街道韩桥村绍隆寺西北。灵觉宝寺（绍隆寺）在清代曾为金山江天禅寺下院，金山寺许多高僧圆寂后在此建墓塔，天长日久，僧塔成林。绍隆寺塔林原有300余座僧塔，几经兴废，至今尚存90余座，占地面积约3 000平方米。塔多为青石质，高1米余，六角、八角形塔身，须弥座，宝瓶顶。塔林中最有历史纪念意义的是铁舟海祖塔，另藏有户部掌部事郎中曹寅篆额，淮南八十旧史宋曹顿首撰并书丹《金山江天寺铁舟海和尚塔铭》碑。还有一块由清朝特赏花翎二品顶戴江苏候补道、前充出使日本国参赞官郭庆藩篆额，钦赐进士出身翰林院编修教习庶吉士，前河南监察御史李郁华书丹，正文1 446字的《观心大师塔铭》。

塔林现状（南向北）

塔林全貌（东南向西北）

前巷石马

↘ 前巷石马现状（北向南）

位于丹徒区高资镇石马前巷村。前巷石马位于前巷原明墓前，现明墓封土已不存，仅存一石马，青石质，长约 1.45 米；高约 1 米，石马雕刻精细，造型生动。

招隐寺碑廊

    位于润州区南山风景区读书台北侧。碑廊上镶有 11 方碑刻，分别为"弥"字碑、招隐山新建济祖殿记（民国苏涧宽）、残碑（明）、残碑（清乾隆年间）、招隐寺部分景点重修年月及捐赠者姓名（民国）、五福地石、龙凤八仙碑座石、招隐寺赋、城市山林（清）、重修鹿泉寺并建玉蕊仙踪堂记（清末）、重建招隐寺记（明嘉靖三十二年）。这 11 方碑刻具有很高的历史和文化价值。

碑廊半景(南向北)

碑廊半景(南向北)

碑廊全景(西向东)

铁柱宫碑刻

"钦加四品顶戴署
理镇江府丹徒县正
堂加三级记录三次"
碑刻（东向西）

义渡局成立告示
（东向西）

位于润州区西津渡景区铁柱宫内，是各地收集而来的残碑。其中有两块为铁柱宫碑，最早的为康熙二十年（1681年）的铁柱宫碑记，另外有三块分别为义渡局成立来由、光绪十七年（1891年）成立江西会馆契约纠纷告示、光绪十七年"钦加四品顶戴署理镇江府丹徒县正堂加三级记录三次"告示。从碑文中能了解清代铁柱宫、义渡局的沿革和官府嘉奖的一些内容，具有较高的研究价值。

大港育婴堂碑

位于镇江新区大港街道文昌宫 27 号，立于清代。碑石长 159.4 厘米，宽 72.8 厘米，厚 14.8 厘米。石碑上可看清的字有 668 个。石碑右首上书"钦命江南苏州等处承宣布政使司布政使谭"，左首书"光绪玖年陆月拾壹日示"。碑文内容为弃婴经育婴堂收养后，再次流向民间必须登记注册，并做好交接管理等有关章法。

育婴堂碑现状

吉康里过街石额

位于润州区吉康里。额为长方横向白石，嵌于横跨巷道券墙之上，镌"吉康里"字样，无款。一方位于吉康里东南端，于吉康里23号东墙和吉康里14号西墙间，青砖包边，下为红砖券门，门宽1.25米，高约4米。另一方位于吉康里西北端，现已用水泥边框加固，边框突出，下为圆拱券门，两侧用水泥加固罗马柱。

↗ 吉康里过街石额
　 近景（西向东）

↙ 吉康里过街石额
　 远景（南向北）

↘ 吉康里过街石额
　 远景（西向东）

陈氏牌坊

位于润州区南山风景区文苑公园内。据说陈氏为蒋介石保姆。牌坊于民国二十五年（1936年）重建，面向东北，为石质冲天式牌坊，高约5米，宽近8米。牌坊正面从左到右依次刻有"得气"、"陈氏先茔"、"藏神"字样。其中"陈氏先茔"四字为于右任所题。牌坊正面两侧刻有两副对联，一副为"颍水支分文物簪缨绵世德，竹林寺近钟声梵韵护幽宫"；另一副为"与先烈为邻春襜秋尝同垂不朽，有远山作案白云红树无负名区"。牌坊背面正中为谭泽闿题写的"延釐垂阴"，其左右两侧分别刻有"佳城"、"葱郁"两字。牌坊背面立柱上亦刻有两副对联。

陈氏牌坊正、背面均有刻字，字迹清晰，且有名人题跋，具有重要的历史价值和艺术价值。

└ 陈氏牌坊石额（北向南）

└ 陈氏牌坊正面侧影（西南向东北）

└ 陈氏牌坊全景（西向东）

近现代重要史迹及代表性建筑

敏成别墅旧址
毕尔素医院
嵇直故居
大兴池
新旅社旧址
爸爸巷笪氏宅
爸爸巷李氏宅
皮坊巷李氏宅
同鑫里张氏宅
万家巷 4 号民居
东麒麟巷毛氏宅
东大院秦氏宅
东大院 11 号民居
西大院 7 号民居
三多巷 10 号民居
杨家门南巷贾氏民居
高资李氏宅
高资胡家民居
前进印刷厂旧址
刘庄会堂
中共地下镇丹县委旧址
丹阳纱厂旧址
中华三育研究社旧址
巫恒通故居
赤山闸
春城粮仓
赤山停机坪碉堡
会龙唐氏宅
栏杆桥汽渡
联合综合厂
联合影剧院
扬中长江一桥
铁匠港码头遗址
马家坟
丁甘仁墓
慈舟墓
将军墓
印士庸烈士墓

敏成别墅石刻

位于京口区解放路小学东南角，又名桂花厅。砖木结构，歇山顶，青砖小瓦，七架梁，大门朝北，房子建在台基之上，台基高 0.5 米，建筑东南角嵌有石碑一方，从东至西刻有"敏成别墅"四字，为张大千的老师曾熙所题。现保存较好，作为学校校史陈列室。

敏成小学创建于 1921 年，当时镇江"增泰来"颜料商店老板凌焕曾深忧地方教育不兴，贫寒子弟欲学无门，集私资 3 万元创办了"镇江私立敏成学校"，陆小波先生亲笔题写了校训——"学以通敏，业以勤成"。1937 年抗战爆发，学校被迫关闭，1946 年学校恢复办学。

敏成别墅卷棚顶

敏成别墅梁架

敏成别墅俯瞰
（北向南）

毕尔素医院

位于润州区宝盖路 314 号，建筑年代不详，原为西方人毕尔素所设眼科医院。20 世纪 30 年代被火焚毁，后侯㻅才医师在原址复建。

房屋坐北朝南，一进，二层，中设过道，两旁设大小房间，从东面楼梯上二楼。青砖叠砌，硬山顶，每间加垛。一楼临街全部开店铺，其余居住。二层东设楼梯上小晒台，晒台上有水泥栏杆。南部为六开间，西坡为四坡顶，东部为人字顶。西立面呈不规则阶状。建筑立面及结构完好，是镇江医疗卫生事业的遗存之一。

楼梯雕花栏杆

大门（西向东）

毕尔索医院北立面现状（南向北）

嵇直故居

位于润州区布业公所巷8号、10号。嵇直是镇江第一位马克思主义传播者、杰出的共产主义战士。

故居为砖木结构二层小楼，四间两厢式结构。外墙为斗字墙，硬山顶，上覆小瓦，单峰封火墙。

↗ 嵇直故居二楼木质门窗

↙ 嵇直故居外侧立面（东向西）

↘ 嵇直故居封火墙（北向南）

大兴池

位于润州区京畿路4号，地处今伯先路、京畿路、宝盖路交会处北。据传是20世纪30年代日本人侵华时建造，曾经是镇江市西郊居民主要的沐浴场所。坐北朝南，正门为一牌坊式建筑，上有一方匾额，上书"大兴池"。建筑为青砖砌成，纵深17.9米。内分为理发室、休闲区、男浴室、女浴室四部分。收银台为红木制成，上有图案。该建筑整体结构保存完好，内部仍按照原有格局布置，现仍作为浴室使用。

大兴池牌楼（南向北）

门上雕花（西向东）

大兴池外观局部（西南向东北）

新旅社旧址

新旅社旧址内天井结构（上向下）

新旅社旧址南立面（南向北）

位于润州区日新街27号，建于民国。大门朝南，面阔三间，整体三层，局部四层。层高约3米，通高约20米。第一层为大厅，门房北部有石膏线条吊顶，东有楼梯拾阶而上，中间有内天井，以供采光通风之用。第二层、第三层各有10间大小不等的客房，其中南客房30间，各有外挑阳台，阳台为铁艺栏杆，挑出部分为水泥钢筋浇筑，挑梁向外呈弧形逐步收敛，十分秀美。北为卫生间。第四层东、西、北面有客房5间，南为带铁艺栏杆平台。靠西有小屋1间。屋外有天沟作集水排水之用。第四层上顶四面为木质玻璃换气窗。屋顶为四坡水，上盖弧形玻璃瓦，透光性能良好。该建筑保存尚好，曾作旅店之用，现已关闭多年。

新旅社旧址远眺（西向东）

爸爸巷笪氏宅

位于润州区大西路爸爸巷 21 号、23 号。据初步调查，此宅为在南京做百货批发生意的笪姓商人所建。房屋砖木结构，前后三进，坐北朝南。磨砖门罩，角砖精致，东为鹤，西为鹿。第一进为三间一厢，第二进为三间。中间为庭院，东设边门，门上有防雨棚，为钢混制作，较为少见。天井内四周墙均磨制，工艺较精。第一进为大七架梁，屋架较高。第二进上有吊顶，虽经改造，但四边的石膏线条依然十分完整，应为当时之物。第三进为花园及厨房、厢房，向西为小腰门，上有石额，镌"馀趣"二字。在房屋东南及西南墙角各镶有一块界石，标有堂名"笪四箴堂"及四至与建造年月。

笪氏宅第二进后的西花园石额

笪氏宅花园入口腰门（西向东）

笪氏宅东立面（南向北）

爸爸巷李氏宅

　　位于润州区大西路爸爸巷1号。据李姓住户介绍，该房屋为其做百货生意的祖父所建造。房屋大门朝东，砖木结构，共二进，明三暗四结构。青砖小瓦，硬山顶，有部分屋面已换成大瓦。磨砖大门，门罩青砖清水叠砌。照壁墙上有"鸿禧"砖雕。第一进为五架梁，东面照壁墙上有"福"字砖雕，部分被砂浆覆盖。第二进为七架梁，窗下仍为磨砖墙，木质门窗扇仍存。东北、东南、西北墙角各镶有界石一块，上书"民国三十年李陇西堂四月吉立"及四至。

李氏宅"鸿禧"
砖雕

李氏宅东南墙角

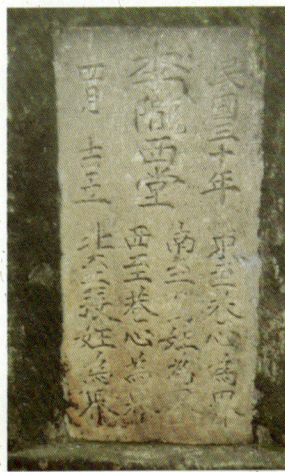

李氏宅南立面(东
向西)

皮坊巷李氏宅

　　位于润州区大西路皮坊巷24号、26号。原为镇江南洋鞋帽商店老板李雨金住宅。房屋坐北朝南，砖木结构，外墙青砖清水叠砌，两进，每进两层。第一进保存完好，前有照壁墙，墙上有砖雕，木结构，带走马楼。第二进保护一般，二楼板壁有铁艺装饰。该建筑工艺精细，平面布局、结构及砖细照壁等体现了镇江民居特点。

李氏宅一进前照壁间（东向西）

李氏宅东立面（北向南）

同鑫里张氏宅

位于润州区大西路同鑫里 10 号、12 号。据初步调查，原为布庄商人张子良居所。

张氏宅第二进与第三进之间券门旁立柱柱头（北向南）

张氏宅砖雕门楼（东向西）

房屋四间两厢，共三进，具有四合院特点。第一、第二进之间天井有砖雕门楼，附有龙凤图案户对石一对。门楼砖雕十分细致，顶部有砖斗拱。东面有照壁墙，现已残缺，仅余上边角花两块。第二进据调查原为七架梁，现已改造成小二楼。第二、第三进之间有券拱门通道，券拱门为欧式风格，中间用红砖装饰，体现镇江民国建筑的典型特点。第二进后有附楼，已改造。第三进为二层楼，东南角有平台。

万家巷4号民居

位于润州区大西路万家巷4号。据初步调查，原为国民党刘立仁律师住所，后又曾用作典当铺。

房屋为二层小楼，面阔三间，院子四周为花墙。主面均青砖清水叠砌，前为过道，第一层前面原为大厅。四坡水屋顶。该建筑为典型民国民居特色。院中原有水井一口，现已填没，地下室已封闭。

万家巷4号民居外围墙（北向南）

万家巷4号民居东立面（东向西）

东麒麟巷毛氏宅

↙ 毛氏宅雕花门楼

↘ 毛氏宅门窗花格

位于润州区东麒麟巷12号。毛家驷宅，清末民初建筑，砖木二层楼房，保存较完整。房屋东西三幢并列组合衔接。东侧为西洋风格建筑，原为公共活动场所。中部和西侧两处建筑并排而立，格局类似，三间两厢结构，小瓦屋面，硬山顶。大门朝东南，为磨砖门罩。

↘ 毛氏宅南立面(西向东)

东大院秦氏宅

位于润州区东大院5号。砖木三层小楼，一进，三间两厢。整体青砖清水叠砌。一层为40厘米厚墙，单腰线。二层带收分，四坡顶屋面。大门面北，磨砖门罩，大门五蝠盘寿包钉门。北墙顶设砖花格，通风采光。正厅水磨地面，五蝠盘寿图案，水波纹护栏挂板。据称原为京戏班头秦慧兰住宅。

秦氏宅北立面（东北向西南）

秦氏宅北立面的花格墙（北向南）

秦氏宅屋面（北向南）

东大院 11 号民居

↘ 东大院 11 号民居
大门（南向北）

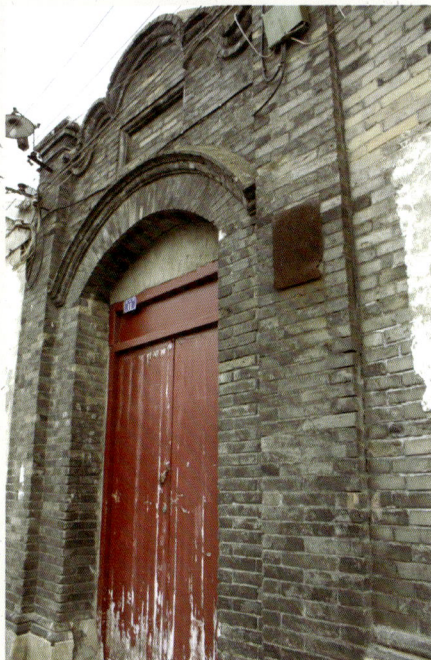

位于润州区东大院 11 号。东为院落；西为主屋。主屋坐西朝东，为中西合璧式，一层，面阔三间，青砖清水叠砌到顶，廊立方罗马柱，歇山式四坡顶，房内设壁炉。院门磨砖砌筑，如意门头。据传原为清末民初传教士使用。

↗ 东大院 11 号民居
北立面（西向东）

西大院 7 号民居

　　位于润州区西大院 7 号，为砖木二层回廊式楼房，平面布局呈长方回字形。面阔三间，进深六间，四周相连，中为天井。大门面北，磨砖门罩。外墙中设腰线，二层往上带收分。整体青砖清水叠砌，做工精细，较为罕见。

西大院 7 号民居
二楼西北

西大院 7 号民居
北部的天井

西大院 7 号民居
屋顶（西向东）

西大院 7 号民居
北立面（西向东）

三多巷 10 号民居

↘ 三多巷 10 号民居
第二进地面地砖图
案及构造

位于润州区三多巷 10 号曹家坡 134 号。坐北朝南，前后三进。第一、第二进为正房，三间两厢民居结构，第三进为厢房。第一进为门厅，第二进为正厅，中为阔大的天井。第一、第二进均为大七架梁建筑，五峰山墙。地面为民国地砖铺设组合图案，保存尚好。

↘ 三多巷 10 号民居
东立面（北向南）

杨家门南巷贾氏民居

位于润州区杨家门南巷9号。坐西朝东，北设边大门出入。一进三间两厢二层小楼，西附接一厢，北临巷又开一便门。东为天井，院墙高大。东墙顶部设砖花格，通风采光，体现了镇江民居的特点。

高资李氏宅

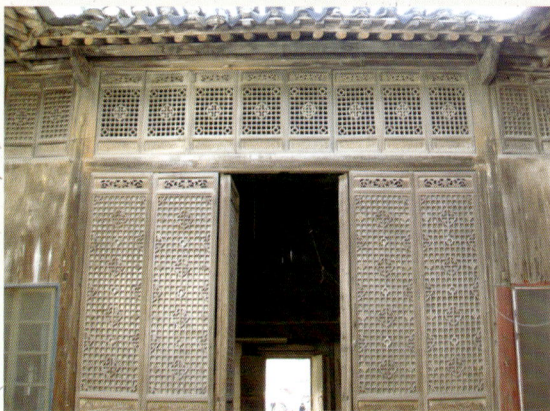

李氏宅第一进北
格扇（北向南）

位于丹徒区高资镇老街。李氏民居是一座清末民初时期的建筑，保存较为完整。民居为砖木结构，木雕精细。房屋共三进，二层楼房。第一进和第二进为三间两厢，中设天井，第三进中为院落，院内有水井一口。

李氏宅第一进北
屏门（北向南）

李氏宅第二进东
厢房（西向东）

高资胡家民居

位于丹徒区高资镇高资行政村高资自然村北，是一座民国时期的建筑。民
居为砖木结构，一进三间两厢，中为天井，保存较为完整。

胡家民居全貌
（西南向北）

前进印刷厂旧址

↘ 前进印刷厂旧址
大门（北向南）

位于润州区迎江路43号，是一幢红砖混凝土结构建筑，坐南朝北，共二层，每层12个房间。

前进印刷厂建于解放初期，由市军管会接管多家印刷单位后组建，初名为《前进日报》印刷厂，1952年更名为前进印刷厂。该厂曾先后承印过《前进日报》、《前进》、《大众日报》等党报刊，1957年起承印《镇江日报》。经过几十年不断发展，至20世纪80年代，前进印刷厂已成为江苏省内书刊印刷的主要基地之一。

2007年，该建筑经整体修缮，外部保持了原风貌，内部整治出新，并改作镇江画院的办公场所。

↘ 前进印刷厂旧址
全景（东向西）

刘庄会堂

位于丹徒区宝堰镇刘庄村。刘庄会堂为"文革"初期（1966年）建筑，其格局具有明显的时代特征，尚存石刻"文革"标语。会堂在"文革"时期多用于宣传、演出及开群众大会。会堂一组共7间，人字顶，都为通间，保存较好，对研究"文革"特定时期的建筑及历史具有重要的价值。

刘庄会堂石刻
（东向西）

刘庄会堂大门全貌（东向西）

中共地下镇丹县委旧址

↘ 中共地下镇丹县委旧址现状（西南向东北）

位于丹阳市司徒镇获塘村，为一座民国时期民居建筑。中共镇丹县委成立于 1939 年，是地下秘密县委，上属中共苏南特委，所辖镇江南部、京沪铁路以南的丹阳西部地区。1940 年 6 月改建镇丹金县委。

该旧址对研究抗战时期中共地下党组织的构成、活动等情况有较高的价值。

丹阳纱厂旧址

位于丹阳市阜阳路北侧丹棉集团公司生产区院内。丹阳纱厂由丹阳民族资本家束云章于1946年创办。束云章（1887—1973年），丹阳人，曾担任民国中国银行郑州分行行长，民国纺织建筑公司总经理，创办豫丰纱厂，在上海、天津、青岛等地有多家企业，在当时中国金融和实业界极有声望。丹阳纱厂于1947年投产，有纱锭1.1万锭，生产产品为20支棉纱，1949年被人民政府接管，成立丹阳棉纺织厂。该企业一直是丹阳国营企业中的领头羊，并在江苏棉纺织企业中享有盛誉。现存当时纱厂总经理办公楼1栋，南北向，上下两层，砖混结构，九开间面阔32米，进深11.5米；高级职员宿舍楼1栋，东西向，上下两层，砖混结构，四开间面阔15米，进深7米；生产生活用水塔1座。

丹阳纱厂旧址对研究丹阳地区现代工业起源有重要的价值。

丹阳纱厂旧址总经理办公楼现状（西南向东北）

丹阳纱厂旧址高级职员宿舍楼现状（东南向西北）

丹阳纱厂旧址水塔现状（西向东）

别墅现状（西南向东北）

位于句容市下蜀镇桥头南京财经大学红山学院内。1925年始建，为当时的教会学校，抗日战争中被毁，1948年重建。现存建筑22栋，其中别墅19栋、行政楼1栋、教学楼1栋、会堂1栋，红砖勾缝，木制门窗，为中西合璧型建筑。另还有水塔1座。

水塔现状（东北向西南）

会堂现状（南向北）

行政楼现状（西北向东南）

教学楼现状（西向东）

巫恒通故居

位于句容市白兔镇前柘溪村。巫恒通曾任新四军第三团团长，1941年牺牲。故居现存3间砖木结构瓦房，屋架、墙没有整修过。

巫恒通故居屋架

巫恒通故居全景
（东向西）

赤山闸

↘ 赤山闸顶题字（南向北）

↘ 赤山闸全貌（北向南）

位于句容市赤山湖管委会三岔集镇西南。建于1936年，长16米，高11米，钢混框架结构，是句容水利史的有力见证。

春城粮仓

位于句容市春城集镇西南部，共有 6 座。建于 20 世纪 50 年代，圆形，蝴蝶瓦屋面，为解放初期江南特有粮仓形式，保存较好，是社会主义大集体年代的历史见证。

粮仓上铁窗

春城粮仓近景（北向南）

春城粮仓全景（北向南）

赤山停机坪碉堡

↘ 赤山停机坪碉堡
全貌（东南向西北）

位于句容市赤山湖管委会赤山顶，建于建国后。停机坪约 200 平方米，碉堡 20 平方米。碉堡高 4 米，有 4 个机枪孔。

会龙唐氏宅

位于扬中市油坊镇会龙村 11 组。建于 20 世纪 20 年代左右，原有正、厢房 5 间，现存 4 间，残存大门上的雕花十分精美。具有 20 世纪初江南民宅的建筑风格。

唐氏宅大门现状（南向北）

唐氏宅雕花门扇

唐氏宅全貌（东南向西北）

栏杆桥汽渡

栏杆桥汽渡铁桥
（东北向西南）

栏杆桥汽渡局部
（北向南）

位于扬中市新坝镇华威村。 1957 年 7 月正式动工，1960 年 5 月 7 日正式启用。这里最初的渡运工具是单向机动推进木质汽渡船，每次只能载一辆汽车。经过历次的技术革新、改造，到 20 世纪 80 年代，渡口日渡运量达 1 000 辆左右。1994 年 10 月，扬中长江一桥建成通车，栏杆桥汽渡完成了它的历史使命。35 年中，栏杆桥汽渡风雨无阻，共开航 45 万多航次。

栏杆桥码头（北向南）

联合综合厂

位于扬中市原联合镇联合老街上，现新坝镇公信桥路135号。联合综合厂始建于20世纪60年代初，最初为联合砂轮厂、联合砂布厂，后逐渐发展成胶木厂、塑料厂等，故名为联合综合厂，是扬中早期乡镇工业的缩影。目前该厂已发展成为集电气、桥架、砂轮、砂布、机械等于一体的私营企业。整个厂区占地约30亩，老厂房保存较好。

联合综合厂大门
（东向西）

联合综合厂厂房
（东向西）

联合影剧院

↙ 联合影剧院大厅
（西南向东北）

↘ 联合影剧院外墙
（西南向西北）

位于扬中市新坝镇联合老街，建于 20 世纪 80 年代。影剧院共有 13 间，每间宽 9 米，长 40 米，影剧院内座椅完好。这里曾经是人民群众文化娱乐的场所。

↘ 联合影剧院正门
（东南向西北）

扬中长江一桥

　　位于扬中市新坝镇华威村境内，横跨于西江面上。桥北面为扬中市，桥南面为镇江新区。扬中长江一桥是一座民间集资建造的大桥，桥全长1 172米，宽15米，共有30个墩台，为双向四车道。大桥于1992年5月开工，1994年10月建成通车；总投资1.52亿元。此桥是扬中人民走出扬中的最便捷的通道。

扬中长江一桥碑亭（南向北）

扬中长江一桥路面（东向西）

扬中长江一桥远景（南向北）

104

铁匠港码头遗址

位于扬中市八桥镇红旗村东3组，建于清朝末年（约1890年）。起初是私人木船渡运，是扬中通往江北的最早渡口。解放战争时期，是解放军过江的重点登岸地。周围为芦苇、树木丛林。解放后经改造为集体营运，直到20世纪80年代停运。

↘ 铁匠港码头遗址
近景（南向北）

↘ 铁匠港码头遗址
远景（南向北）

↘ 铁匠港码头遗址
近景（北向南）

马家坟

位于润州区南山风景区内，为马家贾淑媛老太太之墓，面对柳诒徵墓，周围为景区林木。贾老太自丈夫马掣才去世后，含辛茹苦将儿女抚养成人。清光绪二十三年（1897年）贾老太去世时，家中一贫如洗，只得以一领苇席裹身草葬于东林寺陈家坟旁的荒野。贾老太长子马席珍勤于读书，恪守孝道，后留学日本成为巨商。1936年马席珍重回故里，花巨资为其母建造坟墓，从此马席珍被公认为孝子。

现马家坟为20世纪80年代用水泥重新浇筑复原过，一层台高1.4米，二层台高3米。沿台阶而下左右各有一座碑亭，尖顶翘角，四柱刻字。墓冢北侧碑亭内的碑文为张群撰并书，现已模糊难辨。

马家坟墓前雕刻（南向北）

马家坟墓前雕刻（北向南）

马家坟墓前石亭（南向北）

马家坟墓全貌（东向西）

丁甘仁墓

丁甘仁墓墓碑现状（东南向西北）

位于丹阳市后巷镇高桥行政村北约 350 米的凤山北坡半山腰处，墓主体外部由水泥构成。墓前立碑。碑首刻有"孟河丁公甘仁墓志"字样。

丁甘仁（1865—1926 年），字泽周，常州孟河人，我国近代中医史上著名的"孟河医派"四大家之一，著名的近代中医临床家、中医教育家。早年师从"孟河医派"大家马培之先生，学成后行医于苏州、上海，名震大江南北。1917 年创办上海中医学校，造就大批中医人才。丁甘仁 1920 年发起成立"国医学会"，对近代中医学的研究发展作出了重大贡献，孙中山先生赠以"博施济众"金字匾额。丁甘仁卒后葬于距故乡孟河不远的凤山北麓，参加其葬礼者除各界知名人士外，还有六国公使的代表。

丁甘仁墓墓冢现状（东南向西北）

慈舟墓

位于句容市宝华山隆昌寺北面半山腰。慈舟和尚任宝华山隆昌寺主持，圆寂于2003年。慈舟和尚墓园建于21世纪初，为花岗岩墁地，汉白玉栏杆，占地面积468平方米。

慈舟墓塔现状（南向北）

慈舟墓园全貌（南向北）

位于句容市茅山新四军纪念馆内，1990 年开始建设。将军墓共有 4 座，分别为段焕竞、吴仲超、王必成、江渭清的墓葬。

段焕竞（1911—1998 年），湖南茶陵人，中国人民解放军陆军少将，无产阶级革命家。

吴仲超（1902—1984 年），江苏南汇人，无产阶级革命家。新中国成立后，曾任文化部部长助理、故宫博物院院长，为收集、整理和保护国家历史珍贵文物作出了贡献。

王必成（1912—1989 年），湖北麻城人，中国人民解放军陆军中将，无产阶级革命家、军事家。

江渭清（1910—2000 年），湖南平江人，无产阶级革命家、军事家。新中国成立后，曾任江苏省委第一书记、华东局书记、江西省委第一书记、福州军区政委。

↗ 江渭清墓

印士庸烈士墓

　　位于扬中市西来桥镇北盛村第 10 村民组，为土墩尖顶圆墓，墓高 1.6 米，坐北朝南，墓区面积 40 平方米。印世庸烈士墓原为一圆形土墓，1987 年，扬中县民政局出资由原幸福乡民政所对该墓进行了修葺，在原墓上培土，并加土垫高墓基，墓周建砖混结构护墓墙，路边建砖混结构墙体，墓区四周植古柏 8 棵。现为爱国主义教育基地。

　　印世庸（1914—1948 年），扬中市西来桥镇北胜村人。1940 年 4 月加入中国共产党，曾任中共镇江县委副特派员。后因奸细告密，被敌人包围，激战中壮烈牺牲。

↙ 印士庸烈士墓

后 记

　　2007 年 4 月，国务院正式启动第三次全国文物普查工作后，我市及时进行了落实。2007 年 8 月 21 日,镇江市政府下发了《关于成立镇江市文物普查工作领导小组的通知》，10 月 11 日,镇江市政府下发了《关于做好我市第三次全国文物普查工作的通知》,这标志着我市"三普"工作全面启动。随后,镇江市"三普"领导小组办公室暨工作队和各辖市区政府、新区管委会领导小组及下属办公室、普查组等工作机构也及时全部组建。我市各辖市区政府和新区管委会分别下发了《关于做好第三次全国文物普查工作的通知》,我市辖区内"三普"工作全面展开。

　　我市广大"三普"工作者本着对党和国家、对人民、对历史负责的态度,以高度的责任感和使命感,攻坚克难、甘于奉献、栉风沐雨、战寒斗暑、披荆斩棘、穿山跨水、涉田过林、穿城走巷、夜以继日,保证了"三普"工作的顺利进行,并取得了显著成绩。2008 年 5 月 22—23 日,江苏省第三次全国文物普查工作第一阶段现场会在句容召开。2009 年 8 月 27—28 日,江苏省文物局在丹阳举行了"三普"第二阶段省级验收试点工作,全省各地代表参加了普查验收试点的观摩。2010 年,丹阳市文物普查组荣获全国第三次全国文物普查实地调查阶段突出贡献集体奖，受到国家文物局的表彰，是全省获该项殊荣的三个县市级普查组之一。

本书凝结着全市广大"三普"工作者的智慧和汗水，亦是我们向他们表示崇高敬意的一种最佳形式。在"三普"工作中长期奋战在第一线且成绩突出者除了本书编委会的成员外，还有彭卫城、孙志军、丁超、朱嘉萍、刘建霞、郭珊、屠纪军、何汉生、孙研、陶佳娟、欧阳舒骊、李行华、刘小平、于建平、张大龙、孙兆福、王松熙、陆艳华、曹明君、陈晓鸽、贺书平、唐长春、杨敏、徐斌、李莹、曹远康、居家新等，在此对他们表示衷心的感谢！

本书的素材由各普查单位提供，所有的文字和照片均由参与实地文物调查的普查队员撰写、拍摄。张小军对文字进行了统稿，陆为中对照片进行了遴选，王玉国最终审阅定稿。

限于篇幅，本书难以全面反映镇江市第三次全国文物普查的丰硕成果和国家历史文化名城厚重的文化积淀，难免有挂一漏万之处。同时，由于编者水平有限，本书难免存在欠缺和不足，敬请读者批评指正。

本书编委会

2011 年 4 月

图书在版编目（CIP）数据

镇江市第三次全国文物普查重要新发现 / 镇江市文
化广电新闻出版局编 . — 镇江：江苏大学出版社，
2011.11
ISBN 978-7-81130-233-2

Ⅰ . ①镇… Ⅱ . ①镇… Ⅲ . ①文物—考古发现—镇江
市 Ⅳ . ① K872.533

中国版本图书馆CIP数据核字（2011）第 212668 号

镇江市第三次全国文物普查重要新发现

编　　者	镇江市文化广电新闻出版局
责任编辑	芮月英
出版发行	江苏大学出版社
地　　址	江苏省镇江市梦溪园巷 30 号（邮编：212003）
电　　话	0511-84446464
传　　真	0511-84446464
印　　刷	扬中市印刷有限公司
经　　销	江苏省新华书店
开　　本	787 mm×1 092 mm　1/16
印　　张	7.75
字　　数	150 千字
版　　次	2011 年 11 月第 1 版　2011 年 11 月第 1 次印刷
标准书号	ISBN 978-7-81130-233-2
定　　价	80.00 元

如有印装质量问题请与本社发行部联系（电话：0511-84440882）